Für alle, die 2020 drinnen geblieben sind

1. Auflage 2024
Deutsche Erstausgabe

Text und Illustrationen: © 2021 Tim Hopgood
Originaltitel: »My Big Book of Outdoors«
Erschienen bei Walker Books Limited, London SE11 5HJ
Übersetzt von: Ulrich Thiele
Umschlaggestaltung unter Verwendung der Originalillustrationen: Frauke Schneider
Umschlagabbildungen: © Tim Hopgood
Gesetzt aus der DIN von Gaby Michel, Hamburg
Druck und Bindung: PnB Print
Printed in Latvia · ISBN 978-3-7488-0256-3

www.dragonfly-verlag.de
Facebook: facebook.de/dragonflyverlag
Instagram: @dragonflyverlag

Klimaneutral
Druckprodukt
ClimatePartner.com/15109-2009-1001

MIX
Papier | Fördert gute Waldnutzung
FSC® C084698
FSC www.fsc.org

tim Hopgood

DRAUSSEN IN DER NATUR

Ein Sachbilderbuch über die vier Jahreszeiten

Aus dem Englischen von Ulrich Thiele

DRAGONFLY

FRÜHLING

SOMMER

HERBST

WINTER

Sonnenwärme

Tulpenzauber

Regenschauer

Keimen und Sprießen

Blühende Bäume

Vogelnester

FRÜHLING

Frühlingsboten

Jetzt kommen die ersten Tage voller Licht und Wärme. Regenschauer lassen Gras, Blumen und Bäume wachsen. Dass der Frühling da ist, erkennst du daran:

Blühende Bäume
Viele Bäume stehen in voller Blüte. Überall duftet es nach Frühling.

Osterglocken
Aus Blumenzwiebeln im Erdboden brechen leuchtend gelbe Blüten hervor. Jede einzelne gleicht einem Sonnenstrahl.

Zweige im Schnabel

Vögel bauen Nester für ihre Jungen.

Tierkinder

Lämmer kommen im Frühling zur Welt. Dann haben ihre Mütter reichlich frisches Gras zu fressen, aus dem sie Milch für ihre Kleinen machen.

Frühaufsteher

Vögel singen zu jeder Tageszeit, zum Sonnenaufgang zwitschern sie jedoch besonders lebhaft. Jeden Tag geben sie ein Morgenkonzert.

Amselmännchen stimmen ihren Gesang an, noch bevor die Sonne aufgeht.

Singdrosseln klingen sehr melodisch, weil sie Tonfolgen ein paarmal wiederholen.

Stare sind hervorragende Nachmacher. Sie ahmen die Töne anderer Vögel und selbst menschliche Stimmen nach.

Feldlärchen haben den Singflug perfektioniert: Sie stehen förmlich in der Luft und trillern dabei ein Lied.

Nachtigallen sind berühmt für ihr wunderschönes Trällern.

Zaunkönige gehören zu den lautesten Sängern in der Vogelwelt.

Marke Eigenbau

Zu Frühlingsbeginn sammeln die Vögel Zweige, Blätter, Halme, Federn und Moos für ihr Nest. Die Vogelmutter legt dann ein Ei nach dem anderen in die weiche Mulde.

Was du brauchst:
100 g Schokolade
50 g Vollkornweizenkissen fürs Frühstück, zu Bröseln zerstoßen (das geht am besten in einer kleinen Tüte)
6 Muffinförmchen aus Papier
ein paar kleine Schokoladeneier

Schokonester

1. Bitte einen Erwachsenen darum, die Schokolade in einer Schüssel über einem Wasserbad oder in der Mikrowelle zu schmelzen. Rühre dann die Getreidebrösel hinein.

2. Füll die Mischung in die Muffinförmchen und drück sie in der Mitte mit einem Teelöffel ein, sodass eine nestförmige Mulde entsteht.

3. Stell die Förmchen in den Kühlschrank, bis sie fest geworden sind. Dann kannst du Schokoladeneier hineinlegen.

Rund und robust

Es gibt Eier in den verschiedensten Größen und Formen. Alle haben eine harte Schale, die manchmal farbenfroh, manchmal gefleckt ist.

Leicht und flauschig

Federn verleihen Vögeln ihre Farbe, halten sie warm und ermöglichen es ihnen zu fliegen. Die größten und kräftigsten Federn an ihren Flügeln sind die Schwungfedern. Ohne sie müssten die Vögel am Boden bleiben.

Stieglitz

Waldkauz

Elster

Ringeltaube

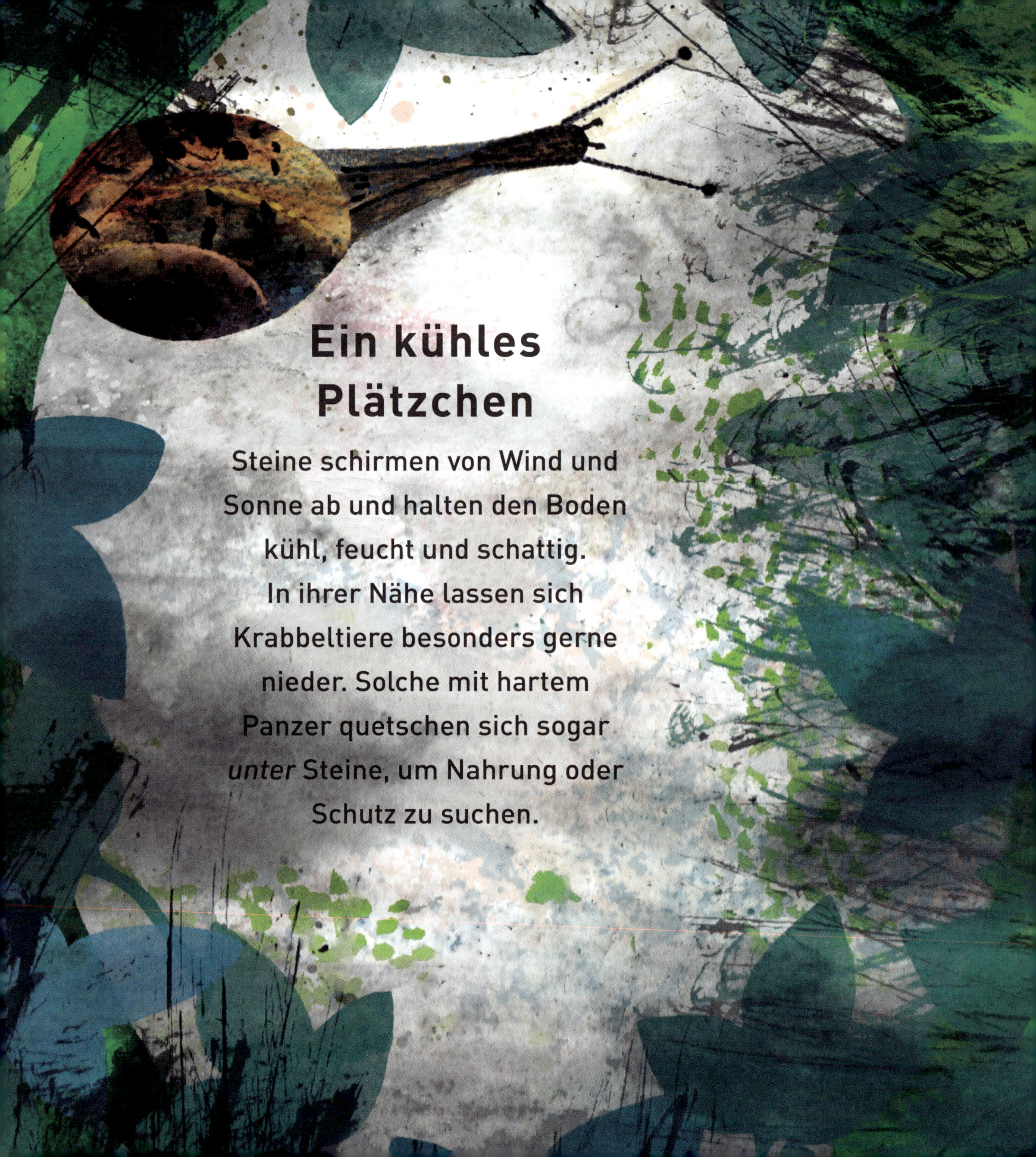

Ein kühles Plätzchen

Steine schirmen von Wind und Sonne ab und halten den Boden kühl, feucht und schattig. In ihrer Nähe lassen sich Krabbeltiere besonders gerne nieder. Solche mit hartem Panzer quetschen sich sogar *unter* Steine, um Nahrung oder Schutz zu suchen.

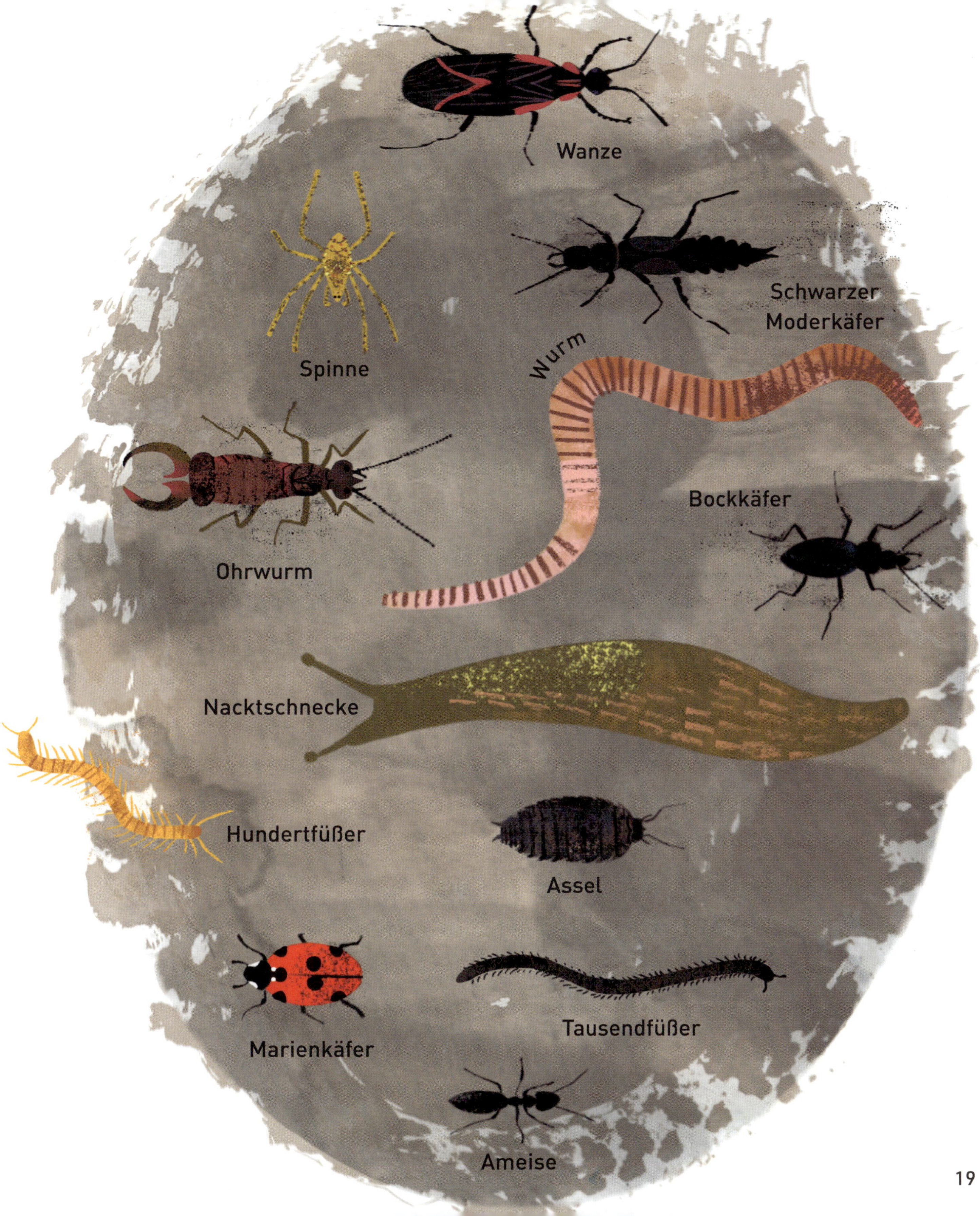
Wanze
Spinne
Schwarzer
Moderkäfer
Wurm
Ohrwurm
Bockkäfer
Nacktschnecke
Hundertfüßer
Assel
Marienkäfer
Tausendfüßer
Ameise

Unterschlupf für Krabbeltiere

Wenn ihr einen Garten oder Balkon habt, liegen da vielleicht irgendwo in einer Ecke Steine oder altes Holz herum. Das sieht wahrscheinlich nicht so ordentlich aus, bietet aber Unterschlupf für viele kleine Tiere!

Solche Ecken mit alten Sachen sind meist ganz hinten im Garten, im Schatten.

Du kannst die Zwischenräume zwischen den Brettern oder Steinen mit natürlichen und gebrauchten Materialien füllen: verrottete Holzstücke, Laub, unterschiedlich große Steine, alte Ziegel. Deine Gäste sollen sich schließlich rundum wohlfühlen in ihrem feuchten, dunklen Quartier.

Falls eure unordentliche Ecke in der Sonne liegt, könntest du versuchen, Wildbienen und andere fliegende Insekten anzulocken. Das machst du am besten ganz oben auf einem Stapel, denn unten sind sie nicht so gerne unterwegs!

Hier siehst du, wo überall für kleine Tiere Platz ist:

Rindenstücke sind der ideale Unterschlupf für Asseln, Spinnen und Tausendfüßer.

In trockenen, hohlen **Pflanzenstängeln** legen manche Wildbienen ihre Eier ab. Schmirgele die Stängelenden glatt.

Altes Laub bietet manchen Käfern ein kuscheliges Zuhause. Und Igeln auch!

Im Schatten von **Blumentopfscherben** siedeln sich häufig Kröten und Molche an.

Fest eingerollte **Wellpappe** an einem sonnigen Ort lockt Florfliegen an.

Heu und Stroh nehmen Vögel gerne zum Nestbau. Hänge es am besten büschelweise in Sträucher und Bäume!

Totholz ist ein Paradies für Asseln und Tausendfüßer, die sich gerne an feuchten Stellen verstecken.

Ein Zuhause im Untergrund

Ameisen leben in großen Gruppen, sogenannten Staaten. Darin hat jedes Tier eine bestimmte Aufgabe.

Jungköniginnen fliegen an einem heißen Sommertag los, um sich zu paaren und sich nach einem sicheren Platz für ihre Eier umzuschauen.

Soldatinnen haben einen größeren Kopf als die anderen Ameisen und sind die starken Beschützerinnen des Staates.

Arbeiterinnen sind am kleinsten. Sie suchen Nahrung, kümmern sich um die Larven und bauen das Nest.

Männchen haben im Ameisenstaat nur eine Aufgabe. Wie die Jungköniginnen haben sie Flügel. Einmal im Jahr fliegen sie mit den künftigen Königinnen los, um sich zu paaren. Danach sterben sie.

Die **Königin** ist die Gründerin des Ameisenstaates. Sobald sie den richtigen Platz für ihren Staat gefunden hat, frisst sie ihre Flügel auf. Sie braucht sie nicht mehr. Ihre Aufgabe ist es, täglich Tausende Eier zu legen.

Power-Erde

Alles, was lebt, ist auf Erde angewiesen. Pflanzen verankern sich darin und wandeln Nährstoffe aus dem Boden in Nahrung um. Wasser wird auf seinem Weg durch Erde, Gestein und Sand gefiltert und gereinigt. Außerdem nimmt der Erdboden Gase auf und gibt welche ab und trägt so zu sauberer Luft bei.

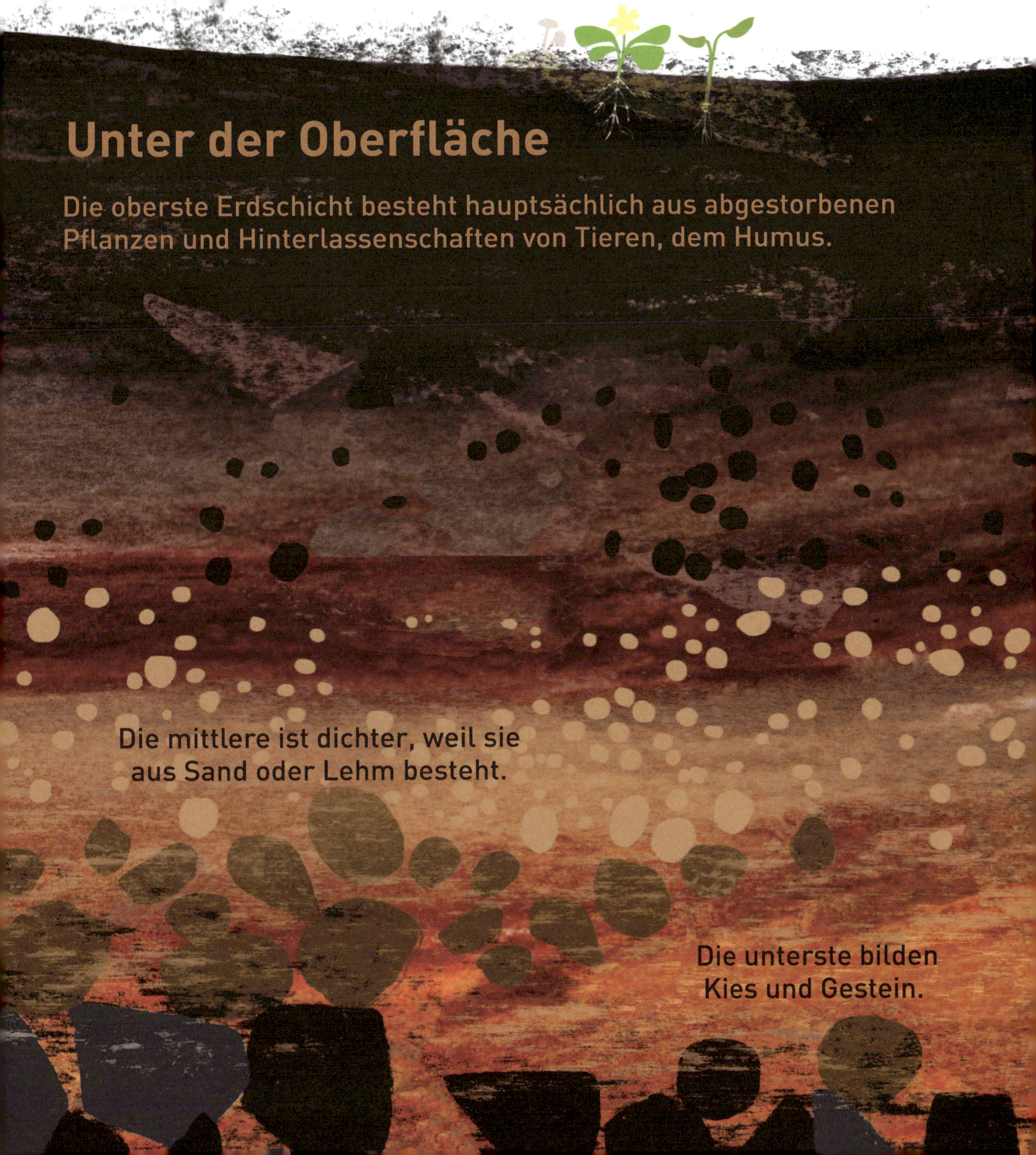

Unter der Oberfläche

Die oberste Erdschicht besteht hauptsächlich aus abgestorbenen Pflanzen und Hinterlassenschaften von Tieren, dem Humus.

Die mittlere ist dichter, weil sie aus Sand oder Lehm besteht.

Die unterste bilden Kies und Gestein.

Es sprießt und grünt

Die meisten Pflanzen wachsen im Frühling am besten. Die Bedingungen könnten kaum günstiger sein: warme Sonne, lange und lichtdurchflutete Tage, häufige Regenschauer. All das lässt Pflanzen immer größer und stärker werden.

Dein selbst gemachter Kressekopf

Was du brauchst:
halbe Eierschalen (abgespült und getrocknet)
Küchenrolle
Watte
Kressesamen

1. Feuchte kleine Küchenrollenfetzen an und leg sie unten in die Eierschalen.

2. Feuchte ein bisschen Watte an und leg sie vorsichtig auf die Küchenrollenfetzen. Zwischen der Watte und dem oberen Rand der Eierschalen muss noch ein bisschen Platz sein.

3. Streu ein paar Kressesamen auf die Watte und drück sie behutsam fest.

4. Stell die Eierschalen in Eierbechern an einen sonnigen Platz auf der Fensterbank und gib ihnen einmal täglich ein wenig Wasser. Bald wird der Kresseschopf sprießen!

Plitsch, platsch!

Plipp

Plopp

Plipp-plipp-plopp

Tröpfel-tropf

Tröpfel-tropf

Flitsch, flotsch

Flatsch!

Tröpfel-tropf

Tröpfel-tropf

Flitsch, flotsch

Flatsch!

Flitsch-flitsch

Flitsch-flotsch

Plipp

Plopp

Stopp!

Frühlingszwiebeln

Jahr für Jahr wachsen im Frühling bunte Blumen aus Zwiebeln, die im Boden verborgen sind – so als wollte uns die Natur eine hübsche Überraschung bereiten!

Hasenglöckchen

Hyazinthe

Schwertlilie

Tulpe
Osterglocke
Krokus

Vom Froschlaich zum Frosch

Winzige Eier treiben als Glibbermasse im Wasser.

Eine Kaulquappe schlüpft und schwimmt los.

Ihr wachsen Hinterbeine.

Bald hat sie vier Beine, ihr Schwanz verschwindet.

Tadaa! Ein Frosch. Quak, quak!

Frosch oder Kröte?

Frösche haben eine feuchte, glatte Haut und halten sich meist im oder am Wasser auf. Kröten haben eine trockene, raue Haut und verbringen ihre Zeit lieber an schattigen Stellen an Land.

Teichfischen

Was du brauchst:

Einen Teich in deiner Nähe
Einen Erwachsenen, der dich begleitet
Einen Kescher
Eine flache Schale

1. Füll die Schale mit etwas Teichwasser. Lass den Kescher durch den Teich gleiten und stülp ihn behutsam über der Schale um.

2. Entdeckst du in der Schale kleine Pflanzen oder winzige Lebewesen? Weißt du von manchen sogar, wie sie heißen?

3. Am Ende leert ihr das Wasser mitsamt Inhalt vorsichtig wieder in den Teich aus.

Teichschnecke

Kaulquappen

Larve eines Wasserkäfers

Wasserkäfer

Süßwasser-milben

Wasserspinne

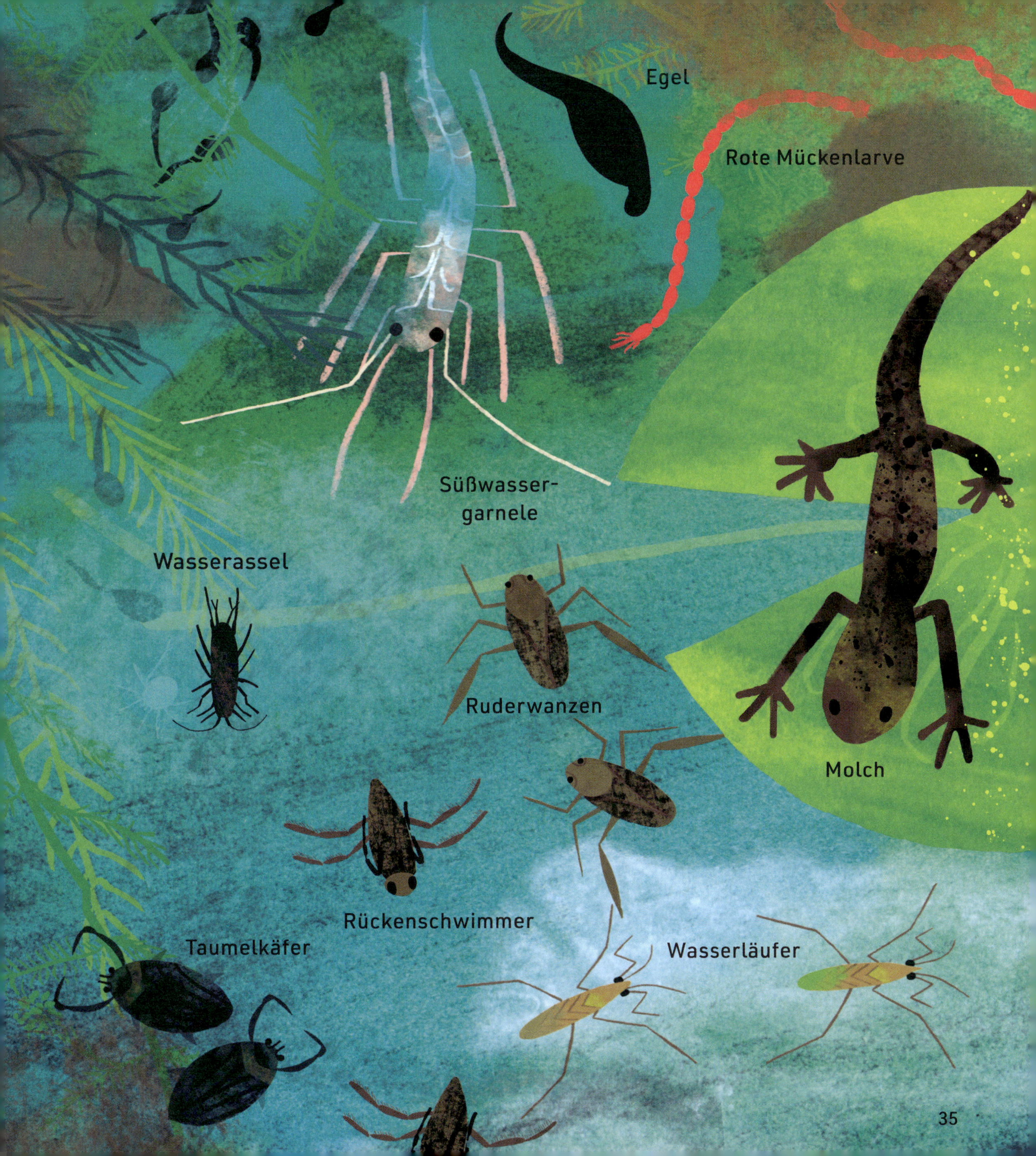
Egel
Rote Mückenlarve
Süßwasser-
garnele
Molch
Wasserassel
Ruderwanzen
Rückenschwimmer
Taumelkäfer
Wasserläufer

Regenbogen, Regenbogen

du bist bunt wie tausend Pfauen
und genauso herrlich anzuschauen.

Regenbogen, Regenbogen

musst du wirklich schon vergehen?
Komm, lass dich bald wieder sehen!

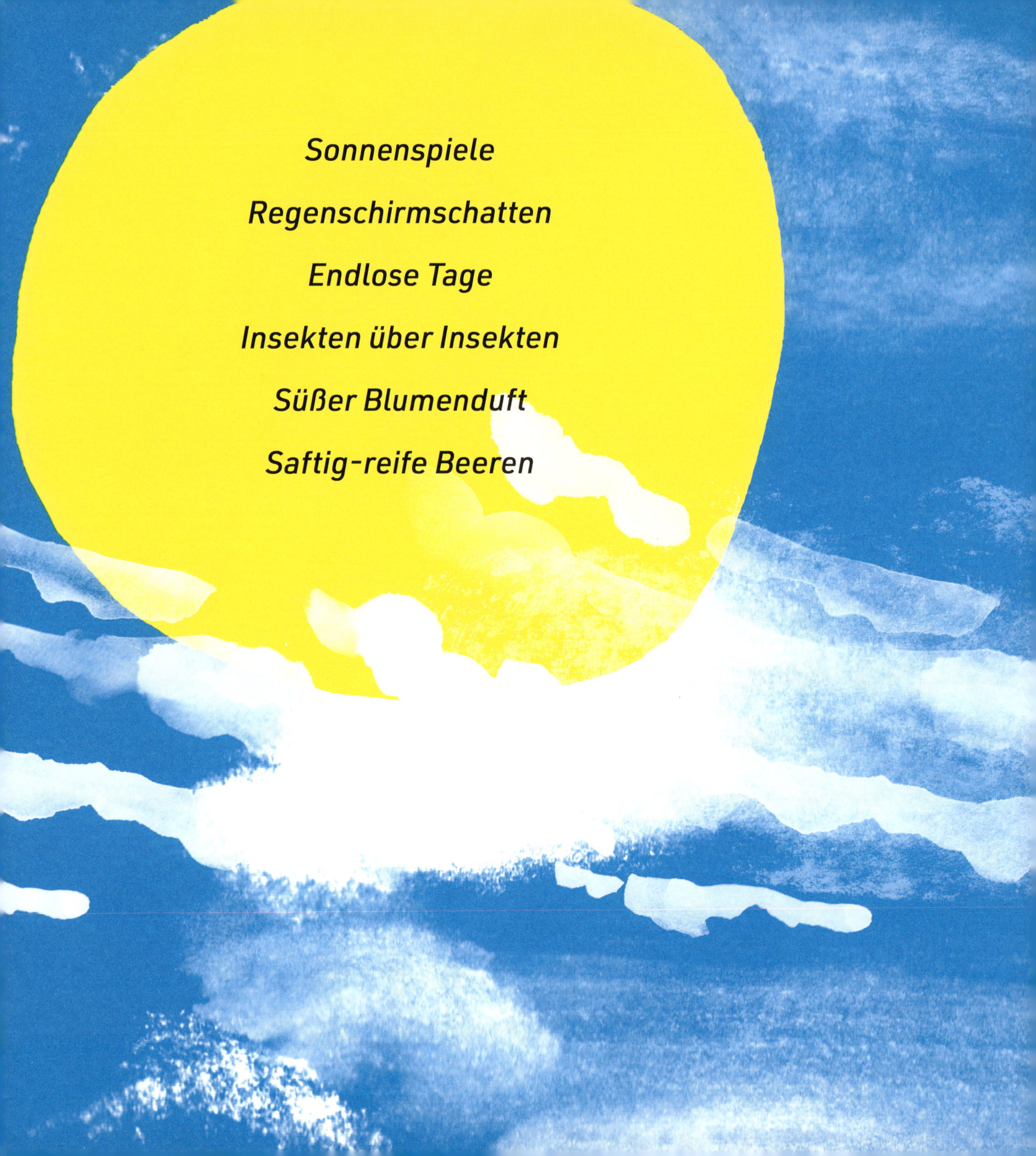

Sonnenspiele

Regenschirmschatten

Endlose Tage

Insekten über Insekten

Süßer Blumenduft

Saftig-reife Beeren

SOMMER

Sommer-
boten

Die hellsten und wärmsten Tage des Jahres brechen an. Dass der Sommer da ist, erkennst du daran:

Die Insekten sind da
Überall um dich herum brummt, summt und schwirrt es.

Blühende Blumen
Unter dem warmen Licht der Sonne entfalten sich Blüten in allen Farben.

Jungfernflug
Vogeljunge verlassen ihr Nest – und fliegen los.

Sonnenschein
Die Sonne geht früh auf, die Tage sind lang.

Erntezeit
Rote Erdbeeren,
Kirschen und Tomaten
sind reif.
Guten Appetit!

Insekten über Insekten

Alle Insekten haben sechs Beine. Und die meisten können fliegen! Welche hast du dieses Jahr schon herumschwirren gesehen?

Hornisse

Hummel

Bartmücke

Schwebfliege

Marienkäfer

Stechmücke

Geflügelte Ameise

Libelle
Schmeißfliege
Brauner Bär
Eintagsfliege
Bremse
Wespe
Hirschkäfer
Schnake

Vom Mini-Ei zum Schmetterling!

In einem Ei entsteht eine winzige Raupe und **wächst.**

Die Raupe schlüpft, frisst und **wächst weiter.**

Sobald sie ausgewachsen ist, hört sie mit dem Fressen auf und verpuppt sich.

Und aus der Hülle schlüpft ein **Schmetterling!**

Einen Schmetterling malen

1. Falte ein Blatt Papier in der Mitte und öffne es wieder.

2. Male auf der einen Seite des Knicks mit Wasserfarben zwei gemusterte Flügel und press die Blatthälften zusammen.

3. Falte das Blatt jetzt wieder auseinander. Fertig ist der Schmetterling mit zwei übereinstimmenden Flügeln!

Schmetterlings-Schönheiten

Schmetterlinge unterscheiden sich sowohl in ihrem Umriss als auch in ihren bunten Farben und Mustern. Das sind ein paar meiner Lieblinge:

Admiral
Fliegt in wärmere Gefilde, wenn es ihm bei uns zu kalt wird.

Monarchfalter
Schlägt nur zehnmal pro Sekunde mit den Flügeln, das ist wenig für einen Schmetterling.

Perlmuttfalter
Seine Raupen ernähren sich von Veilchen.

Zitronenfalter
Ist meist der erste Schmetterling, den man nach dem Winter bei uns umherflattern sieht.

Pfauenauge
Seine »Augenflecken« erinnern an die eines Pfaus, der ein Rad schlägt.

Orange-Gebänderter Schwefelfalter
Ist in Nord-, Mittel- und Südamerika sowie in der Karibik zu finden.

Malachitfalter
Entwickelt sich aus einer schwarzen Raupe mit Stacheln, Hörnern und roten Flecken.

Bläuling
Seine Raupen leben mit Ameisen in ihrem Bau.

Emsige Bienen

Honigbienen leben als Staat in großen Bienenstöcken. Es gibt Tausende Arbeiterinnen und nur eine Königin. Jede Biene übernimmt eine bestimmte Aufgabe.

Arbeiterinnen sammeln Pollen und Nektar als Nahrung für alle. Und sie bauen die Waben.

Drohnen
sind Männchen, die sich mit der Königin paaren. Sie haben große Augen und kräftige Flügel.

Ohne **Bienenkönigin** gäbe es kein Leben im Stock.

Die Kraft der Blüte

Bunte Blumen locken Honigbienen, Wildbienen und andere große wie kleine Insekten an, die den Blütenstaub verteilen und so für noch mehr Blumen sorgen. Das nennt man Bestäubung. Wir müssen sicherstellen, dass es den Insekten gut geht – sie sind so wichtig für alles, was auf unserem Planeten wächst.

Pusteblumen

Manche Blüten werden vom Wind bestäubt. Und er trägt Blumensamen weit übers Land, um neue Blumen entstehen zu lassen.

Ein Windhauch nur
Und alles wiegt sich
Wie ein Wellenmeer

Dann, ganz plötzlich
Macht es einmal Pust!
Und die Samen, sie schweben
Über die weite Flur.

Eine Sonnenblume großziehen

Es ist kaum zu glauben, was aus einem Samen wachsen kann. Leg doch mal einen Sonnenblumenkern in einen Blumentopf und bedecke ihn mit Erde. Stell den Topf an einen sonnigen Platz und gib dem Samen täglich ein bisschen Wasser.

Und sieh zu, wie deine Blume **wächst** und **wächst** und **wächst.**

Überall Gänseblümchen

Gänseblümchen findet man fast überall auf der Erde. Sie werden auch Tausendschön, Monatsröserl, Maßliebchen, Augenblümchen oder Margritli genannt.

Zwick mit dem Daumennagel ein kleines Loch ins Ende eines Gänseblümchenstängels. Fädle den Stängel des nächsten Gänseblümchens hindurch. Mach immer so weiter, dann hast du bald eine lange **Gänseblümchenkette.**

Sommerfarben

Unter der warmen Sommersonne werden Obst und Gemüse reif. An allen Ecken leuchten herrliche Farben, und blassgrüne Erdbeeren verwandeln sich im Nu in knallrote. Bald kannst du zugreifen!

Tomaten
Erbsen
Zuckermais
Chili

Sommerabend

In den letzten Sekunden vor Sonnenuntergang

Spiegelte sich am Himmel die ganze

Schönheit der Welt

Und voller Hoffnung

Voller Staunen

Freute ich mich auf den nächsten Tag

Denn der ... war wieder ein Ferientag!

Spaß am Meer

An manchen Stränden findet man Felstümpel – kleine Wasserlachen, in denen es viel zu entdecken gibt.

Strandkrabbe
Seenadel
Schleimfisch
Einsiedlerkrebs
Eikapsel eines Rochens
Seetang

Kleine Muschelkunde

In allen Muschelschalen hausten einmal kleine Lebewesen – und manche sind immer noch bewohnt! Welche davon hast du schon mal am Strand gefunden?

Wellhornschnecke
Napfschnecke
Herzmuschel
Venusschnecke
Purpurschnecke
Kreiselschnecke
Kaurischnecke
Pferdeschnecke
Schwert-
muschel

Es stürmt und windet

Wenn es im selben Moment blitzt und donnert, befindet sich das Gewitter direkt über dir. Je länger Blitz und Donner auseinanderliegen, desto weiter entfernt ist es.

Dunkle Wolken

Ein jäher Blitz

Dann Stille – bis zum …

Donnerschlag

Frühnebel

Laubhaufen

Windböen

Vögel auf der Reise

Nach Kastanien suchen

Die Ernte einbringen

HERBST

Herbstboten

Es wird kühler, feucht und stürmisch. Die Tage werden kürzer, die Nacht zieht immer früher herauf. Dass der Herbst da ist, erkennst du daran:

Flughöhe
Die Zugvögel machen sich auf den Weg in wärmere Gefilde. Häufig sieht man sie in V-Formation fliegen, mit einem Anführer an der Spitze.

Wind um die Nase
Im Herbst bläst der Wind oft stärker als sonst. Auf den Bürgersteigen und Straßen wirbeln heruntergefallene Blätter umher.

Farbwechsel
Blätter, die gerade noch tiefgrün waren, zeigen sich nun in Orange, Gelb und Rot.

Futtersuche
Eichhörnchen sammeln Nüsse, die reif geworden und zu Boden gefallen sind. Sie freuen sich besonders über Eicheln, Kastanien und Haselnüsse.

Rascheln unter den Füßen
Die Blätter der Bäume vertrocknen und fallen ab. Hörst du, wie es unter deinen Schuhsohlen raschelt und knistert?

Laubhaufen

Die verschiedenen Baumarten erkennt man an der Form ihrer Blätter. Im Herbst fallen die Blätter ab und bedecken im Wald bald den ganzen Boden. Blättersammeln macht vielleicht auch dir Spaß?

Weide

Birke

Eiche

Ulme

Kastanie

Esche

Buche

Ahorn

Farbwechsel

Im Herbst wird es Zeit, Vorbereitungen für den Winter zu treffen. Der grüne Farbstoff der Blätter ist dazu da, Sonnenlicht in Energie für die Bäume umzuwandeln. Im Herbst wandert er in ihr Holz und ihre Wurzeln. In den Blättern bleiben die anderen Farben zurück: Gelb, Orange, Rot und Braun.

Laub-Mobile

Was du brauchst:
Zwei Stöcke
Bunte Blätter
Schnur zum Zusammenbinden der Stöcke
Faden zum Aufhängen der Blätter

1. Such dir zwei Stöcke. Leg sie kreuzförmig übereinander und binde sie mit einer Schnur zusammen.
2. Sammle bunte Blätter und zwick mit dem Daumennagel jeweils ein kleines Loch in den Stängel.
3. Fädle ein Stück Faden durch jeden Stängel und befestige es mit einem Knoten. Das machst du bei sechs bis zehn Blättern. Achte darauf, dass die Fäden unterschiedlich lang sind.
4. Binde das andere Ende der Fäden ans Kreuz und häng das Kreuz mit etwas Schnur an die Decke.

Gestern, morgen, heute

Kostbare Samen trägt der Wind
Gestern, morgen, heute
Und aus einem der wirbelnden Flieger
Wird eines Tages vielleicht
Ein MÄCHTIGER Baum
Der seine Samen
Dem Wind überlässt
Gestern, morgen,
Bestimmt auch heute

Vom Wind getragen

Baumsamen müssen in weite Ferne befördert werden, um an verschiedenen Orten Wurzeln schlagen und wachsen zu können.

Die Samen von Linde und Ahorn haben Flügel, damit sie besonders gut fliegen. Auf dem Weg in ihre neue Heimat gleiten, wirbeln und kreiseln sie im Herbstwind.

Im Wald

Zur Herbstzeit tobt im Wald das Leben.
Laub bedeckt den Boden, im Moos sprießen Pilze,
und die Tiere wappnen sich für den Winter.
Also auf in den Wald! Was entdeckst du dort alles?

Eichhörnchen

Eichhörnchen wohnen oben in den Baumkronen. Sie bauen Nester aus kleinen Zweigen, Blättern und Moos in den Ästen.

Ihr buschiger Schwanz hat viele Funktionen: Er schützt die Eichhörnchen bei rauem Wetter. Beim Klettern können sie mit seiner Hilfe das Gleichgewicht besser halten. Und sie nutzen ihn sogar, um sich mit anderen Eichhörnchen zu verständigen.

Eichhörnchen fressen Nüsse, Früchte und Samen. Im Herbst vergraben sie Vorräte in lockerer Erde. In den Wintermonaten buddeln sie sie wieder aus, wenn sie Hunger haben. Doch alle finden sie nicht wieder.

Riesige Eiche, kleine Eichel

Aus einer kleinen Eichel kann eine **gigantische** Eiche entstehen, die Hunderte von Jahren alt wird. Ist das nicht unglaublich?

Eicheln wachsen den ganzen Sommer lang. Im Herbst haben sie ihre volle Größe erreicht und fallen zu Boden.

Eichhörnchen, Vögel und andere Tiere verteilen die Eicheln im Wald – und aus manchen davon werden neue Bäume!

Die Eichel platzt auf, ein Trieb und Wurzeln sprießen. Der Keimling wächst und wächst und wird allmählich zu einem Bäumchen.

Der junge Baum wird größer und größer und nach ungefähr zwanzig Jahren bildet sich daran eine erste kleine Eichel.

Fruchtige Fundstücke

Viele Bäume, Sträucher und Hecken tragen im Herbst farbenfrohe Früchte. Einige davon kann man essen.

Birnen
Zwetschgen
Quitten
Pflaumen
Hagebutten

Beiß rein!

Apfelbäume bringen erst nach vier bis fünf Jahren die ersten Äpfel hervor, werden dafür aber bis zu 100 Jahre alt. Es gibt mehr als 8000 Apfelsorten. Welche hast du schon probiert?

Einen Bratapfel machen

1. Wasch den Apfel. Lass dir dann von einem Erwachsenen dabei helfen, das Kerngehäuse zu entfernen.

2. Füll das Innere des Apfels mit Rosinen oder Beeren, mit ein bisschen Zucker oder Honig und einem Hauch Zimt.

3. Back den Apfel mindestens 20 Minuten lang bei 200 °C (Umluft 180 °C, Gas Stufe 6) im Ofen. Wenn er weich ist, mit Eiscreme servieren.

Wohin des Weges, ihr Vögel?

Stare
begeben sich für den Winter mehrheitlich ans Mittelmeer, manche bleiben in der kalten Jahreszeit aber in Mitteleuropa – da, wo es nicht allzu kalt wird.

Schwalben
haben ihr Winterquartier in Afrika. Um von Europa dorthin zu gelangen, sind sie mehrere Wochen lang unterwegs. Und während der Reise fressen sie im Flug Insekten!

Sobald die Tage kürzer werden, fliegen Zugvögel dorthin, wo es wärmer ist als bei uns. Manche legen extrem weite Strecken zurück.

Mauersegler
verbringen den Winter ebenfalls in Afrika, und zwar südlich der Sahara. Dort folgen sie dem Regen, um möglichst viel zu fressen zu finden.

Kuckucke
machen sich spätestens im August auf die Reise nach Zentralafrika. Jeder Vogel fliegt alleine und überwiegend in der Nacht.

Beim Fliegen in Formation geht kein Vogel verloren.

Wenn man hintereinander fliegt, macht die weite Reise nicht so müde.

Gemeinsame Reise nach Süden

Manche Vögel, Gänse zum Beispiel, fliegen im Herbst in V-Formation über den Himmel.

An der Spitze wechseln sich die Vögel ab.

Auf dem Luftstrom des Vordervogels lässt es sich entspannt dahingleiten.

Wolken

Im Herbst kann das Wetter von einer Sekunde auf die andere umschlagen. Willst du schon im Voraus Bescheid wissen, schau dir die Wolken genau an …

Cirrocumulus-Wolken ähneln gekräuseltem Wasser. Sie lassen gutes Wetter erwarten.

Altocumulus- oder Schäfchenwolken

Cumulus-Wolken gleichen riesigen Wattebäuschen und zeigen sich an sonnigen Tagen.

sind eine Mischung aus Wasser und Eis.

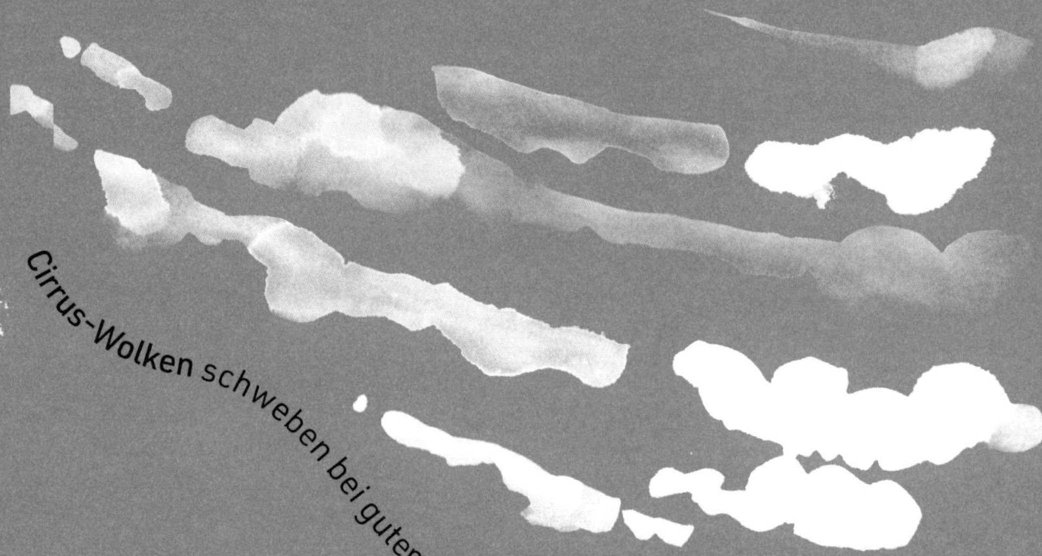

Cirrus-Wolken schweben bei gutem Wetter als zarte Fasern hoch am Himmel.

Stratus-Wolken hängen wie Wellenschichten tief über der Erde und kündigen oft leichten Regen an.

Nimbostratus-Wolken sind flach und dunkel – ein Vorzeichen für anhaltenden Regen, Schneefall oder Graupel.

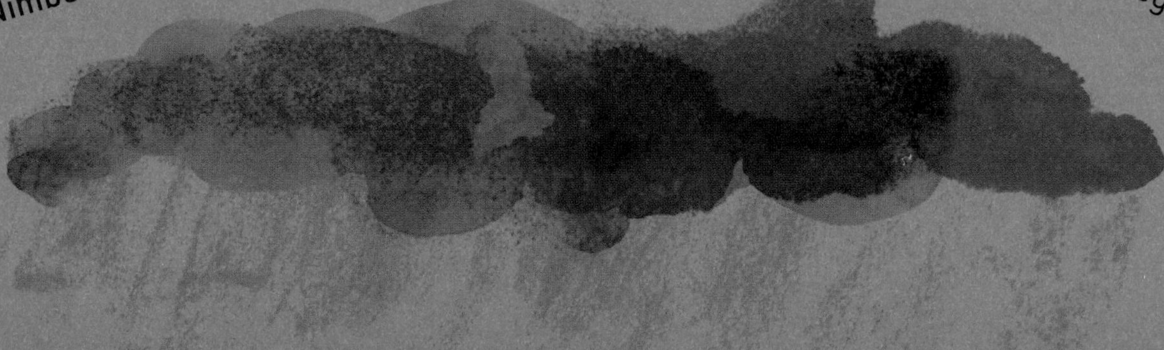

Erntemond

Groß und rund
strahlt der Erntemond

Früh geht er auf,
bei Sonnenuntergang

Einer Laterne gleich
erleuchtet er die Nacht

Während die Bauern
auf den Feldern sind

Die Ernte einbringen,
bevor der Winter kommt

In helles Licht getaucht
vom Erntemond

Stilles Weiß

Eisige Tümpel

Dunkle Abende

Spuren im Schnee

Tiere im Tiefschlaf

Ruhe über allem

WINTER

In klaren Nächten meint man, die Sterne würden viel heller und deutlicher strahlen als gewöhnlich.

Winterboten

Die kälteste Jahreszeit beginnt. Immer niedrigere Temperaturen bringen Frost, Eis und manchmal sogar Schnee! Dass der Winter da ist, erkennst du daran:

Bunte Beeren
Andere Nahrung ist Mangelware, doch Beeren finden Vögel den ganzen Winter hindurch.

Neblige Dämmerung
Frühmorgens, bevor die Sonne aufgeht, oder nachmittags zum Sonnenuntergang bildet sich häufig Nebel.

Vereist
Wenn Teiche und Seen zufrieren, kannst du vielleicht Schlittschuh laufen. Hast du schon Eiszapfen an Ästen und Hausdächern gesehen?

Überfroren
Am Morgen sind Spinnweben, Büsche und Bäume von einer weißen Frostschicht überzogen.

Rotkehlchen sind neugierig und zutraulich. Wenn du ganz still bist, kommt vielleicht eines näher.

Rotkehlchen

Nicht alle Vögel verbringen den Winter in warmen Gegenden. Manche bleiben, wo sie sind. Wie das Rotkehlchen die Kälte überlebt? Es plustert sein Gefieder auf! Zwischen den Federschichten wird Luft eingeschlossen, die das Rotkehlchen selbst an eisigen Tagen warm hält.

Zuhausebleiber

Diese vier Vögel kannst du mit etwas Glück selbst bei kaltem Wetter vor deinem Fenster entdecken:

Goldammer

Buntspecht

Blaumeise

Elster

Eine Futter-röhre basteln

Im Winter finden manche Vögel nur wenig zu fressen. Um ihnen zu helfen, kannst du draußen diese einfache Bastelei aufhängen.

Was du brauchst:
Vogelfutter
Eine Schale
Honig oder Erdnussbutter
Eine Klopapierrolle
Schnur

1. Schütte etwas Vogelfutter in die Schale.
2. Bestreich die Rolle mit Honig oder Erdnussbutter, wälz sie im Vogelfutter und lass das Ganze etwas antrocknen.
3. Fädle ein Stück Schnur durch die Rolle und bitte einen Erwachsenen, deine Kreation mit dir draußen aufzuhängen. Und dann beobachte, welche Vögel sich daran sattfressen!

Stille Suche

Still sucht sie
Zerteilt den Himmel
Rastlos unterwegs
Die Ohren gespitzt
Auf jedes Zittern lauschend

Still schießt sie
Vom Himmel hinab
Zielt mit ihren Krallen
Durchbricht die Ruhe
Einer kalten Winternacht

Wer läuft denn da?

Tiere hinterlassen unterschiedliche Spuren im Schnee. Wenn es frisch geschneit hat, stehen die Chancen am besten, herauszufinden, wer vor dir durch den Schnee gelaufen ist!

Die Hinterpfoten von **Feldhasen** sind deutlich größer als die Vorderpfoten. Entsprechend findest du zwei lange Abdrücke und zwei kürzere.

Die Hufe von **Rehen** hinterlassen zwei längliche Abdrücke mit einer Lücke dazwischen.

Fuchspfoten haben vorne zwei Zehen, an den Seiten jeweils eine und hinten quer einen Ballen. Außerdem sind häufig Krallenabdrücke zu erkennen!

Viele **Vogel**spuren ähneln langen, dünnen Pfeilen.

Katzen haben jeweils vier Zehen pro Pfote. Beim Laufen setzen die hinteren Füße in den Spuren der vorderen auf.

Eichhörnchen haben vorne vier und hinten fünf dünnere Greifzehen. Bei deutlicheren Spuren kannst du möglicherweise Krallenabdrücke erkennen.

Kuschelig warm

Im Winter ist es kalt und Nahrung wird knapp. Um trotzdem zu überleben, legen sich manche Tiere für lange Zeit schlafen – sie halten Winterschlaf.

Siebenschläfer
Die kleinen Nager verkriechen sich meist in engen Höhlen oder machen es sich unter dem Laub am Waldboden gemütlich. Auch in Nistkästen schlafen sie gerne.

Igel
Die stacheligen Säuger fressen sich im Herbst voll und suchen sich dann ein ruhiges, geschütztes Plätzchen, wo sie den Winter in aller Ruhe verschlafen können.

Schneeglöckchen

Wenn die Schneeglöckchen auftauchen, ist es schon wieder viel länger hell. An wärmeren Wintertagen öffnen sich ihre Blütenblätter und legen den Nektar im Inneren frei.

Bei kaltem Wetter schließt sich die Blüte wieder, um den Nektar zu schützen.

Der Nektar von Schneeglöckchen ist eine wichtige Nahrungsquelle für die ersten Bienen, die nach dem Winter wieder fliegen.

Auch im Winter grün

Ein Nadelwald wird im Winter nicht kahl. Denn Nadelbäume werfen ihre spitzen, dünnen Blätter nicht ab. Damit ihre Äste unter der schweren Schneelast nicht abbrechen, sind sie abschüssig. So kann der Schnee leicht hinunterrutschen.

Zeder

Fichte

Nadelbäume

Welche Nadelbäume wachsen in deiner Umgebung? Ein häufiger Baum ist die Tanne. Sie ähnelt der Fichte, hat aber eine rundere Krone und an der Unterseite der Nadeln weiße Streifen.

Kiefer

Eibe

Lärche

Zuverlässige Zapfen

Die holzigen Zapfen der Nadelbäume sind ganz unterschiedlich geformt. Sie alle haben jedoch »Schuppen«, zwischen denen die Baumsamen sicher aufbewahrt sind. Erst bei warmem, trockenem Wetter öffnen sich die Schuppen und geben die Samen frei, sodass sie sich verteilen und keimen können.

Zapfen-Wetterstation

Sammle draußen ein paar Zapfen vom Boden auf und leg sie zu Hause aufs Fensterbrett. An schönen, trockenen Tagen werden sie sich öffnen. Wenn Regen naht, schließen sie sich wieder.

Eichhörnchen knabbern gerne an Zapfen.

Mit Zapfen kann man gut basteln!

Tannenzapfen zerbröseln schon am Baum.

An Tannen stehen die Zapfen aufrecht.

Im Frühling sind Fichtenzapfen noch klein, weich und rötlich.

Fichtenzapfen hängen am Baum.

Ach, wenn es doch nur schneien würde!

Ach, wenn es doch nur schneien würde
Einmal nur und nur für mich

Ach, wenn ich morgen aufwachen würde
Und hinter der Gardine wäre strahlendes Weiß
Ich schaue aus dem Fenster und sehe nichts als
Schnee, Schnee, Schnee

So viel Schnee
Wie weiße Wogen auf den Dächern

So viel Schnee
Eine helle Brandung an den Büschen

So viel Schnee
Genug, um Schneebälle zu werfen
Schlitten zu fahren
Einen Schneemann zu bauen
Der morgen noch steht, und übermorgen!

Ach, wenn es doch nur schneien würde!

Woher kommt der Schnee?

Schneeflocken entstehen hoch oben in den Wolken:

Dort gefrieren Wassertropfen zu Eiskristallen.

Die Kristalle nehmen Wasserdampf aus ihrer Umgebung auf, werden dadurch größer und größer und fallen schließlich in Form von Schneeflocken zu Boden.

Schneeflocken, die auf dem Weg nach unten eiskalte, trockene Luft durchqueren, sind nadel- oder stabförmig. Sie ergeben feinen Pulverschnee.

Schneeflocken, die feuchte Luft durchqueren, schmelzen an den Rändern und kleben zusammen. So bilden sich dicke, nasse Flocken: der Pappschnee. Er ist der perfekte Baustoff für Schneebälle!

Schneeflocke aus Papier

1. Falte ein quadratisches Blatt Papier zu einem Dreieck.

2. Falte das Dreieck in der Mitte zu einem kleineren Dreieck.

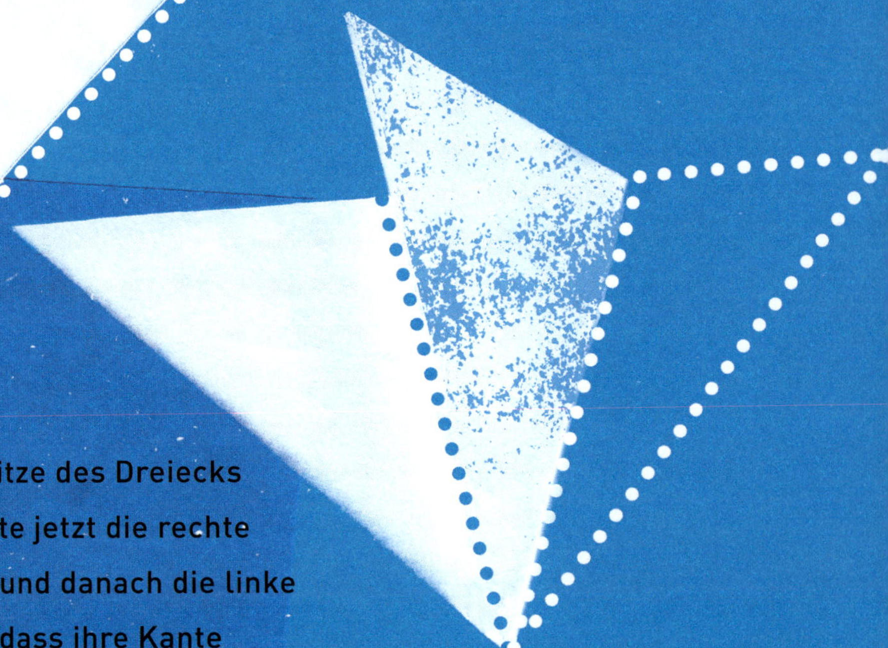

3. Die mittlere Spitze des Dreiecks zeigt zu dir. Falte jetzt die rechte Seite zur Mitte und danach die linke nach rechts, sodass ihre Kante rechts außen anliegt.

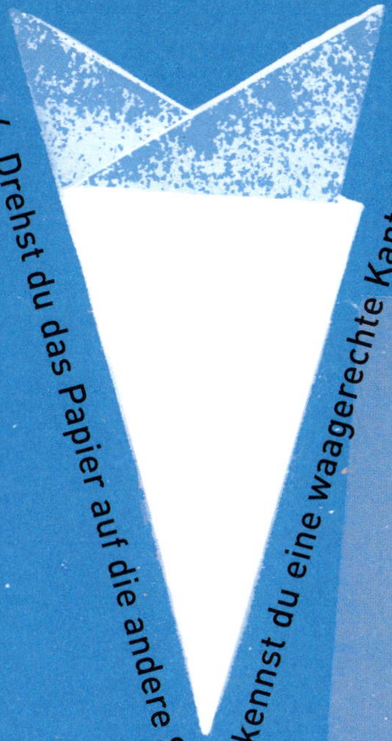

4. Drehst du das Papier auf die andere Seite,
erkennst du eine waagerechte Kante.

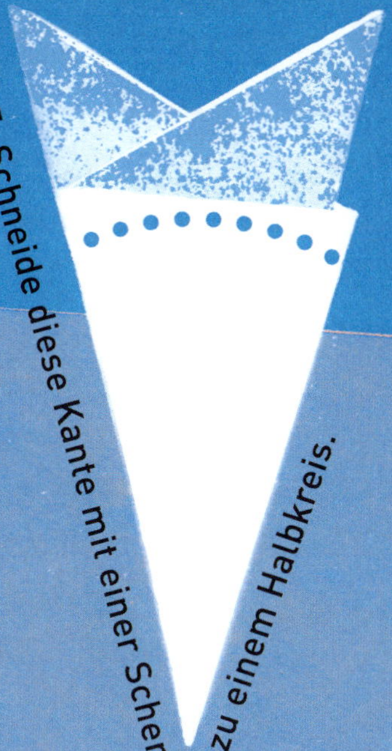

5. Schneide diese Kante mit einer Schere
zu einem Halbkreis.

6. Schneide die
Ränder des
Papierdreiecks
gerade oder
gebogen ein.

7. Falte das Papier auseinander und bewundere deine Schneeflocke!

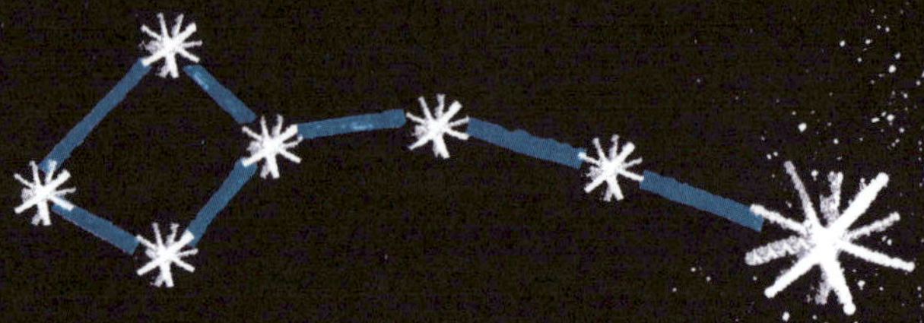

Der **Kleine Wagen** sieht aus wie eine Suppenkelle. Der helle Stern an seinem Ende heißt Nordstern, auch Polarstern genannt. Wenn du dich auf den Nordpol stellen würdest, wäre der Nordstern unmittelbar über dir.

Himmelsbilder

Der Große Wagen oder Große Bär setzt sich aus sieben hellen Sternen zusammen. Bei uns, auf der Nordhalbkugel der Erde, ist kein anderes Sternbild so leicht zu finden.

Als Sternbild bezeichnet man eine Gruppe von hellen Sternen, die man in Gedanken zu einer Strichzeichnung verbinden kann. Zur Zeit der Segelschifffahrt waren Sternbilder unverzichtbar für die Navigation auf hoher See.

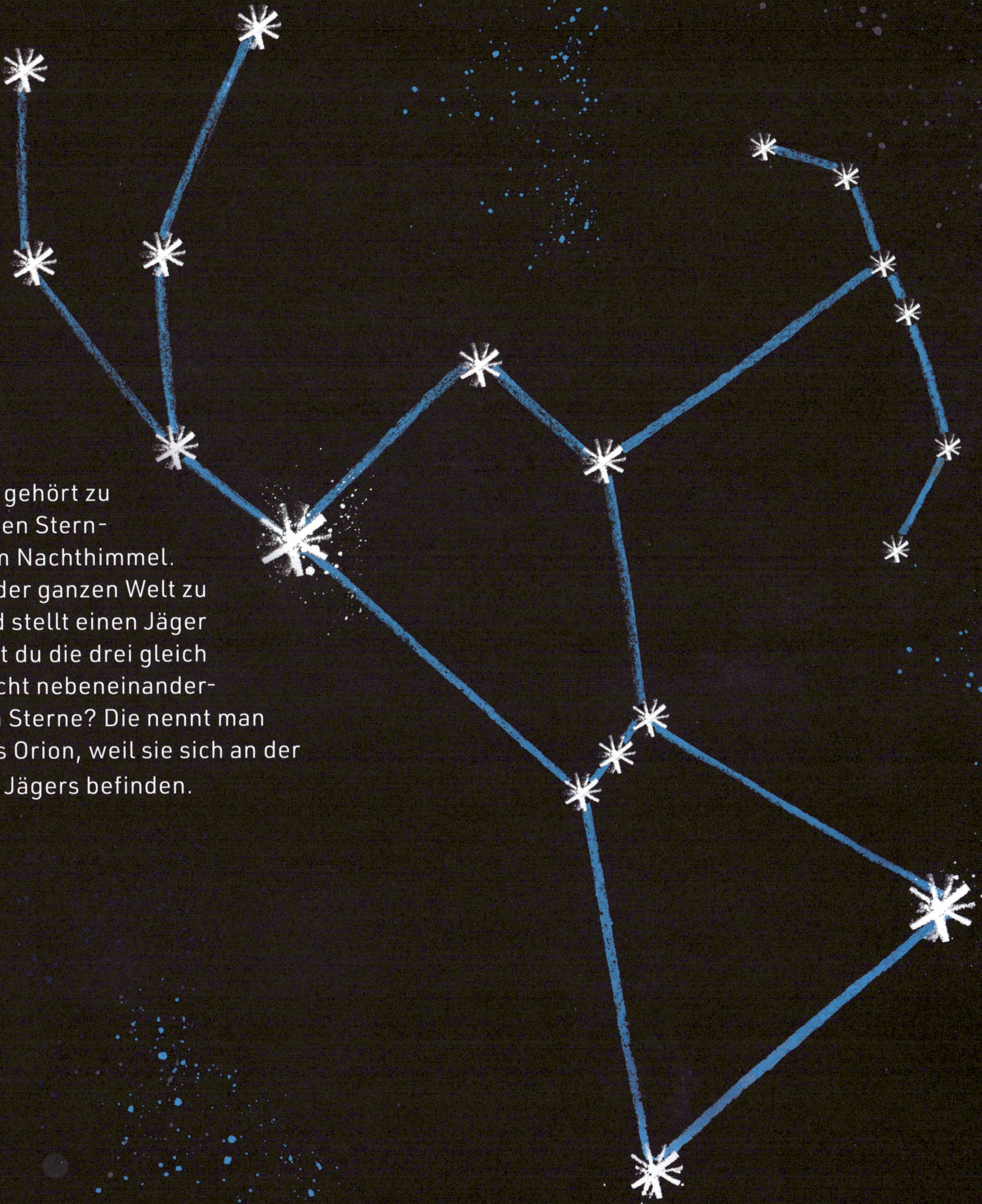

Der **Orion** gehört zu den hellsten Sternbildern am Nachthimmel. Er ist auf der ganzen Welt zu sehen und stellt einen Jäger dar. Siehst du die drei gleich hellen, dicht nebeneinanderliegenden Sterne? Die nennt man Gürtel des Orion, weil sie sich an der Hüfte des Jägers befinden.

Mondphasen

Auf seinem Flug um die Erde wird der Mond von der Sonne angestrahlt. Die Mondphasen zeigen uns, an welchem Punkt seines Weges er sich gerade befindet. Für eine vollständige Erdumrundung braucht der Mond nicht ganz 28 Tage.

Neumond

Zunehmende Sichel

Zunehmender Halbmond (erstes Viertel)

Zunehmender Mond

NORDHALBKUGEL

Die Mondphasen unterscheiden sich je nachdem, ob man sich auf der Süd- oder Nordhalbkugel befindet.

Neumond

Zunehmende Sichel

Zunehmender Halbmond (erstes Viertel)

Zunehmender Mond

SÜDHALBKUGEL

Die Bezeichnungen »erstes Viertel« und »letztes Viertel« beziehen sich darauf, welche Strecke der Mond auf seinem Weg um die Erde bereits zurückgelegt hat.

Vollmond

Abnehmender Mond

Abnehmender Halbmond (letztes Viertel)

Abnehmende Sichel

Vollmond

Abnehmender Mond

Abnehmender Halbmond (letztes Viertel)

Abnehmende Sichel

Blick zum Himmel

Ich soll schlafen und tue es nicht
Ich stehe am Fenster, blicke hinaus
Blicke HINAUF und staune
Und je länger ich schaue, umso mehr entdecke ich

Einen Stern und noch einen und noch einen
Und immer noch mehr Sterne

Ich suche mir einen aus, starre ihn an,
Ohne zu blinzeln, so lange ich kann
Mein Stern sieht mich, zwinkert mir zu
Und auf einmal gibt es im ganzen Universum
  Nur noch MICH und MEINEN Stern.

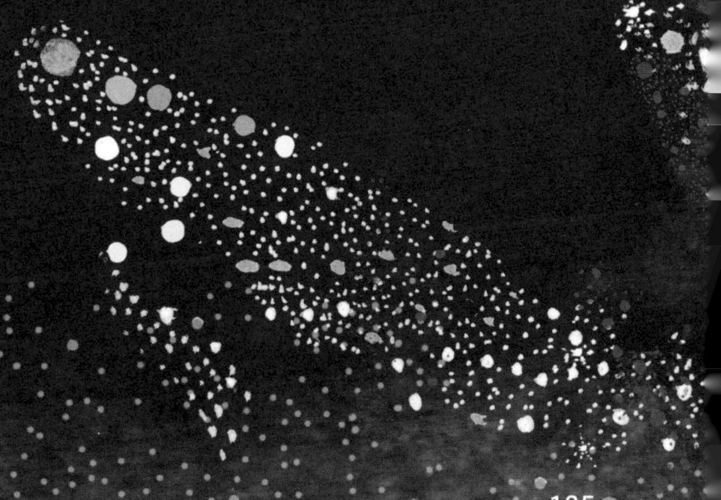